MARÍA ANTONIETA

Una reina con un trágico destino

Por Benoît-J. Pédretti

Traducido por Laura Bernal Martín

MARÍA ANTONIETA — 1

LA VIDA DE MARÍA ANTONIETA — 4

Una joven archiduquesa en Viena (1755-1770)
Una delfina en Versalles (1770-1774)
Una reina de Francia (1774-1789)
Una mujer en la tormenta (1789-1793)

CONTEXTO — 11

Francia y Austria en la segunda mitad del siglo XVIII
La corte

MOMENTOS CLAVE — 17

Retrato
El asunto del collar
La huida a Varennes
El juicio de la viuda Capeto

REPERCUSIONES — 29

La descendencia de María Antonieta
Ruptura entre la monarquía y los franceses
Mito y controversia

EN RESUMEN — 36

PARA IR MÁS ALLÁ — 40

MARÍA ANTONIETA

- **¿Nacimiento?** El 2 de noviembre de 1755 en Viena.
- **¿Muerte?** El 16 de octubre de 1793 en París.
- **¿Función?** Reina de Francia de 1774 a 1791.
- **¿Principales aportaciones?**
  - María Antonieta, penúltima hija del emperador Francisco I (1708-1765) y de la emperatriz María Teresa (1717-1780), se convierte a los 14 años en una pieza importante en el juego de las alianzas diplomáticas europeas de finales del siglo XVIII. Su madre, que desea aliarse con Francia, la promete con el joven Luis (1754-1793), nieto del rey Luis XV (1710-1774), delfín y, por tanto, heredero al trono de Francia. El 19 de abril de 1770, los dos jóvenes se casan por poderes en la iglesia de los Agustinos de Viena, y el 16 de mayo de 1770 lo hacen en Versalles.
  - Cuando muere el rey, el 10 de mayo de 1774, la delfina se convierte en reina de Francia y de Navarra. Alegre y jovial, construye a su alrededor una pequeña y esplendorosa corte formada por algunos favoritos. Todos llevan una vida lujosa en Versalles, en Trianón, o incluso en la Aldea, en medio de las conspiraciones, de los chismes y de las intrigas de la corte.
  - Desde 1789 y durante la Revolución francesa, el descontento de la población se cristaliza en la figura de María Antonieta, cuya impopularidad crece. Después, la familia real huye a Varennes el 20 de junio de 1791, lo que le hace perder toda su autoridad. El 10 de agosto de 1792, el palacio de las Tullerías es asaltado por los

revolucionarios, que encarcelan a María Antonieta en la torre del Temple, que se convierte en una prisión, y a continuación en la Conciergerie hasta su ejecución. El 16 de octubre de 1793 es guillotinada en la plaza de la Revolución de París.

- Su prematura muerte a los 38 años, que tiene lugar en el corazón de la agitación revolucionaria, la sitúa en los primeros puestos de los personajes míticos de la historia de Francia. La reina, blanco de críticas u objeto de compasión, abre un debate controvertido e inagotable.

María Antonieta de Habsburgo-Lorena, archiduquesa de Austria, crece en la corte de Viena entre sus 15 hermanos y hermanas. A los 14 años, se casa con Luis, el nieto del rey Luis XV. La ahora delfina es una chica muy joven a la que se abandona, sin precaución alguna, en el mundo de las intrigas de la corte de Versalles, donde se oponen numerosos clanes rivales. El 10 de mayo de 1774 se convierte en reina de Francia, casada con un Luis XVI que sigue siendo amable y tímido. La reina lleva una vida frívola, centrada en el teatro y en el juego, dentro de una absoluta despreocupación y alejada de las garras de la política. Víctima de calumnias en el asunto del collar que sacude a Francia en 1785-1786, no procura proteger su imagen pública, que se deslustra lentamente.

Al mismo tiempo que los Estados Generales amenazan la monarquía, su segundo hijo, el delfín Luis José (1781-1789), muere en junio a los ocho años. Desorientada y llevada por la agitación revolucionaria, lucha en medio de acontecimientos cuyas dimensiones no alcanza a entender plenamente. Se encuentra en arresto domiciliario en el palacio de las Tullerías desde 1790, pero se escapa con el resto de la familia real para dirigirse a Varennes. La detienen por el camino y la devuelven a la fuerza a París en junio de 1791 para encarcelarla en el Temple. Después de la ejecución de Luis XVI el 21 de enero de 1793, le quitan a sus hijos. Finalmente, la llevan a la prisión de la Conciergerie el 2 de agosto, a la espera de su juicio. Es condenada por el Tribunal Revolucionario el 16 de octubre de 1793, día en el que es guillotinada.

Figura icónica de la causa monárquica y reforzada por la historiografía romántica del XIX, sigue siendo un personaje controvertido, a veces relegado a un papel secundario de mujer hermosa e inconsecuente, a veces inspiradora maquiavélica de la contrarrevolución.

LA VIDA DE MARÍA ANTONIETA

UNA JOVEN ARCHIDUQUESA EN VIENA (1755-1770)

María Antonieta es la 15.ª y penúltima hija de Francisco III de Lorena, emperador de los romanos desde 1745 bajo el nombre de Francisco I, y de su esposa María Teresa, archiduquesa de Austria y heredera del inmenso patrimonio de los Habsburgo. La joven, traviesa y distraída, se divide entre el palacio del Hofburg y el castillo de Schönbrunn en Viena, entre sus muchos hermanos, rodeada de poco lujo y sin la pesada y estricta etiqueta de las cortes española o francesa.

Cuando Francisco I muere, la emperatriz María Teresa, su mujer, decide tomar las riendas del destino de sus hijos. Su hijo mayor, el futuro José II (1741-1790) está destinado a convertirse en emperador y comienza a reinar junto a su madre. A María Antonieta le reserva una unión muy superior a la de sus otros hijos, prometiéndola con el heredero del trono de Francia. El abad de Vermond (1735-1806), doctor de la Sorbona, es elegido para educar a la futura delfina en las costumbres de Versalles. Es imprescindible que hable francés, y su indumentaria debe ser revisada.

En la primavera de 1770, por fin está lista. Su boda se celebra el 19 de abril en la iglesia de los Agustinos de Viena, por poderes, al igual que lo había sido la del rey Luis XIV (1638-1715). Unos días más tarde, se despide de su madre, y abandona la corte de Viena, a la que nunca volverá. Aún no ha cumplido los 15 años y nunca ha visto a su marido.

UNA DELFINA EN VERSALLES (1770-1774)

Un cortejo de 57 carros y de 132 personas sale de Viena para emprender un viaje de 24 días a través de los Estados imperiales y cuyo destino es Francia. El 7 de mayo de 1770 llega a Estrasburgo y, más tarde, a Lorena, patria de los antepasados paternos de María Antonieta, recientemente unida a Francia, y a la Champaña. Finalmente, el rey Luis XV acude a recibirla al puente de Berne, en el bosque de Compiègne, acompañado de su nieto, que le da un tímido beso en la mejilla. El 16 de mayo hace su entrada en Versalles, donde se casa con el delfín. Tras la boda tienen lugar suntuosos festejos: una ópera de Lully (compositor franco-italiano, 1632-1687), otra de Rameau (compositor francés, 1683-1764), y fuegos artificiales de ensueño en Versalles y en París. Las celebraciones se prolongan hasta mediados de julio.

Celebración del matrimonio de María Antonieta en el auditorio de la ópera de Versalles, 1770.

A María Antonieta le cuesta acostumbrarse a las estrictas reglas de etiqueta de la corte, que impide que haya privacidad. Además, su marido la desatiende y prefiere irse de caza. Ella se aburre, atrapada entre clanes enfrentados en Versalles, dividida entre los partidarios del duque de Choiseul (1719-1785), ministro principal del rey, de las Mesdames Tantes, las hijas de Luis XV, o de la favorita del rey, Madame du Barry (1743-1793). Mantiene una profusa correspondencia con su madre, que le da muchos consejos para la vida diaria y que le ordena periódicamente que se asegure la gracia de la favorita.

¿SABÍAS QUE...?

De acuerdo con la tradición, María Antonieta, entonces delfina, habría introducido en la corte en 1770 un nuevo producto de repostería con la forma de un pequeño cuerno que simboliza el emblema de los otomanos cuando atacan Viena en 1683: el *croissant*. Enseguida se populariza el nombre «viennoiserie» para hablar de repostería, porque el *croissant* se vende en París en la primera panadería vienesa en 1837.

UNA REINA DE FRANCIA (1774-1789)

El 10 de mayo de 1774 muere el rey Luis XV. María Antonieta se convierte *de facto* en reina de Francia y de Navarra. Sin embargo, aún no ha nacido ningún heredero: sus relaciones íntimas con Luis XVI son difíciles porque el rey retrasa la consumación del matrimonio, que no se registra oficialmente hasta siete años después de su unión. Los libelos difamatorios van a buen ritmo, involucrando a la reina en todo tipo de relaciones con amantes o queridas.

Su vida en la corte transcurre en una indolencia y un profundo sopor que trata de colmar entreteniéndose: se divide entre el juego, el teatro, la ópera, los bailes de máscaras, las estancias en castillos reales y sus ropajes, a cada cual más suntuoso. También se rodea de favoritos entregados, como la princesa de Lamballe (1749-1792), y busca un poco de intimidad, prefiriendo las cenas en *petit comité* en el pequeño Trianón a las cenas oficiales. Asimismo, pone en marcha el acondicionamiento en un extremo del parque de Versalles de un pequeño pueblo modelo, una aldea, donde se reencuentra con los encantos del campo. Su búsqueda de una vida más simple le vale cada vez más enemistades en la corte conservadora.

La Aldea de la reina.

Su imagen pública se deteriora aún más con el asunto del collar, aunque la reina es víctima de una burda maquinación de personas sin escrúpulos. Las canciones populares se burlan de ella cada vez más y sufre una cierta impopularidad en el seno de la monarquía.

UNA MUJER EN LA TORMENTA (1789-1793)

A partir de la reunión de los Estados Generales de mayo de 1789, se convierte en el blanco de un creciente descontento popular. Durante la insurrección de los días 5 y 6 de octubre, se la llevan a la fuerza de Versalles al palacio de las Tullerías, en el que a partir de ahora tendrá que vivir la familia real. Oponiéndose a la nueva monarquía constituyente, le pide ayuda a su hermano José II, que se ha convertido en emperador, y después a su sucesor, su otro hermano, Leopoldo II (1747-1792). Como la situación apenas mejora, huye de París con su familia para unirse a los regimientos que se mantienen fieles, liderados por el marqués de Bouillé (1739-1800) el 20 de junio de 1791, pero es detenida dos días después en Varennes. Este intento de fuga y la declaración de guerra a Austria del 3 de agosto de 1792 dan lugar a los disturbios del 10 de agosto. Ese día se asaltan las Tullerías y la familia real se refugia con los fuldenses, donde se reúne la Asamblea Nacional. A continuación, es encarcelada en la torre del Temple, que se convierte en una prisión. Después de que la Convención vote a favor de la muerte del rey, que es ejecutado el 21 de enero de 1793, la reina es encarcelada en la Conciergerie y es a su vez acusada.

El proceso en su contra, que se abre el 13 de octubre de 1793, le vale una condena rápida. Es guillotinada la mañana del 16 de octubre en la plaza de la Revolución, la actual plaza de la Concordia, mientras que la justicia popular se empeña en vano en mermar una dignidad que conservará hasta el final. Sus restos son depositados en una fosa excavada para este fin, como ya se había hecho el 21 de enero de 1793 para su marido. Habrá que esperar hasta 1815 y la restauración de la monarquía en Francia para que la pareja real sea inhumada en la basílica de Saint-Denis.

¿Sabías que...?

Luis XVIII (1755-1824) manda edificar en el emplazamiento de La Madeleine una capilla expiatoria entre 1815 y 1826. Se encuentra ubicada en la actual plaza Luis XVI, y es el único lugar que lleva el nombre del último gobernante del Antiguo Régimen en París.

CONTEXTO

FRANCIA Y AUSTRIA EN LA SEGUNDA MITAD DEL SIGLO XVIII

Potencias enemigas

A mediados del siglo XVIII, Francia y Austria mantienen relaciones especialmente difíciles. A la muerte del emperador Carlos VI (1685-1740), y en virtud del tratado de la Pragmática Sanción de 1713, los Estados hereditarios de los Habsburgo recaen en su hija mayor, María Teresa. A continuación estalla una guerra de sucesión al trono: el elector de Baviera, Carlos VII Alberto (1697-1745), que presenta su candidatura contra ella, es un serio pretendiente. Inglaterra y las Provincias Unidas apoyan a María Teresa, mientras que la Prusia de Federico II (1712-1786), que quiere apoderarse de Silesia y de la Francia de Luis XV, apoya al elector de Baviera.

Francia se enfrenta militarmente contra Austria por tierra y contra Inglaterra por mar. En 1748, se retira del conflicto sin haber obtenido ningún triunfo y muy debilitada. Lo que es peor: es traicionada por su aliado prusiano, que acuerda una paz separada y logra recuperar territorios. Cuando María Teresa asciende al trono imperial, su marido también se convierte en emperador. Pero aunque este último lleve ahora ese título, carece de cualquier poder, ya que todo cae en manos de su esposa.

La reconciliación en la guerra

Pronto, el rey Federico II, que encarna el poder en ascenso de Prusia, irrita a todos. Austria, que ha tenido que cederle a regañadientes la rica provincia de Silesia, desea recuperarla. Por su parte, Francia sufre grandes tensiones con Inglaterra, relacionadas con sus posesiones en América del Norte. Cuando Prusia le ofrece su apoyo a Inglaterra tiene lugar una increíble inversión de alianzas: ahora Francia y Austria comparten intereses comunes. El conflicto que se deriva es el mayor del siglo XVIII: se trata de la guerra de los Siete Años (1756-1763), durante la que las dos potencias se oponen, una al lado de la otra, a Prusia y Inglaterra principalmente.

Al final de la confrontación, el Tratado de París (10 de febrero de 1763) consagra a Inglaterra como potencia colonial, y a Prusia como potencia militar. Tanto Francia como Austria salen debilitadas. La primera ha perdido sus colonias en América del Norte y ha agotado sus tropas, mientras que la segunda pierde definitivamente Silesia. Más que nunca, las dos potencias se necesitan mutuamente.

Consolidar la alianza franco-austríaca

María Teresa, emperatriz ahora con su hijo mayor José, emperador de Austria, vela por el futuro de sus hijos, asegurándoles posiciones que sirvan a su doble propósito diplomático: consolidar la alianza con Francia y obstaculizar a Prusia. Multiplica las alianzas transversales que la acercan a Francia gracias a los matrimonios de sus hijas: María Cristina (1742-1798) se casa con uno de los hijos del rey de Polonia, Alberto Casimiro (1738-1822), que es vecino de Prusia y hermano de la delfina de Francia; María Amelia (1746-1804) se casa con el duque de Parma, Fernando I (1751-1802), nieto de Luis XV por parte materna; y María Carolina (1752-1814) se casa con otro Fernando I (1751-1814), rey de Nápoles, Borbón por el lado paterno y primo del futuro Luis XVI por el lado materno.

Desafortunadamente, el delfín de Francia Luis Fernando (1729-1765) muere, seguido dos años más tarde por la delfina María Josefa de Sajonia (1731-1767). María Teresa debe consolidar la alianza francesa de nuevo, centrándose en el nuevo delfín, Luis. Entonces le propone matrimonio con su hija María Antonieta, una unión particularmente interesante ya que le asegura a una de sus hijas el título de reina de Francia.

LA CORTE

La dulzura de Viena

En Viena, María Antonieta se cría en una corte simple, donde los niños imperiales son educados lejos de la muchedumbre. Por ello, la intimidad del entorno familiar está bien conservada gracias a las habitaciones reservadas para uso exclusivo del emperador, de la emperatriz y de sus 16 hijos. El ceremonial adoptado por la Casa de Habsburgo en 1548 se conserva y se aplica estrictamente en la corte española. Sin embargo, le molesta a Francisco y a María Teresa, que tienen la intención de criar a sus progenitores con una cierta proximidad. Por ello, las institutrices a las que le confían a sus hijos deben informar periódicamente a la emperatriz del menor de sus hechos y gestos. Sin embargo, los últimos en nacer están menos supervisados.

La condesa Brandeis, a cargo de las más pequeñas, cae enseguida bajo el encanto de María Antonieta. Le perdona todos sus caprichos e incluso le hace los deberes. Por ello, es rápidamente reemplazada por la condesa de Lerchenfeld, que tiene la reputación de ser más severa. Este cambio era necesario, porque de hecho, con diez años ya cumplidos, María Antonieta apenas sabe leer y escribir en alemán, su lengua materna. También le cuesta aprender las nociones básicas de idiomas extranjeros como el francés o el italiano, que sus hermanos y hermanas ya hablan con fluidez.

¿Sabías que...?

El 13 de octubre de 1762, un joven prodigio es introducido en la corte de Viena, guiado por su padre. Es un niño de poco más de seis años que toca deliciosamente el clavicordio. Le ofrece un recital a la familia imperial en la Galería de los Espejos del palacio de Schönbrunn. Al final del concierto, se sienta traviesamente en las rodillas de la emperatriz, que le besa. Después, cuando se va a caer al suelo, la joven María Antonieta, dos meses mayor que él, lo agarra. Para agradecérselo, el niño le pregunta si aceptaría casarse con él. No se sabe lo que respondió la joven archiduquesa, pero el pequeño volvió alegremente a los brazos de su padre. Este niño no es otro que Wolfgang Amadeus Mozart (1756-1791).

El rigor de Versalles

La corte de Versalles, a la que se incorpora la joven delfina unos años más tarde, es muy distinta de lo que ha conocido hasta el momento. La etiqueta, que se practica como un arte sutil, fue nuevamente reforzada por Luis XIV algunas décadas antes. El menor paso en falso se transforma en un escándalo, que crea y destruye la reputación de quien lo da. Así, el día de la boda de María Antonieta, las princesas de Lorena, parientes de la nueva delfina, tienen la autorización de bailar ante las duquesas, algo que horroriza a la nobleza. *A contrario*, la corte tolera, muy hipócritamente, la presencia de la que ostenta el título de amante real, que lleva un tren de vida digno de una reina.

A su llegada, María Antonieta se siente incómoda en este universo en el que todo está estudiado. Es manipulada por los principales clanes enfrentados: las Mesdames Tantes, las hijas de Luis XV, Adelaida (1732-1800), Victoria (1733-1799) y Sofía (1734-1782), solteronas rigoristas, la apoyan. Le enseñan a ser desconfiada, incluso a odiar a la favorita del rey, a la que María Antonieta se niega durante mucho tiempo a dirigirle la palabra. El 1 de enero de 1772, forzada por su madre y por el embajador de Austria, el conde Mercy d'Argenteau (1727-1794), acaba por dirigirle una frase simple: «Hay mucha gente hoy en Versalles». Rompe el hielo, pero para la delfina se trata de una considerable humillación y, poco a poco, se aleja de las Mesdames Tantes.

Convertida en reina, no intenta cambiar la etiqueta, prefiriendo en su lugar la huida. En cuanto puede, abandona el ceremonial de Versalles para llevar una vida más íntima en el Pequeño Trianón. Luis XVI le ofrece este recinto, construido por Luis XV para su favorita Madame de Pompadour (1721-1764). Allí, pasa las tardes con sus favoritos y sus invitados del momento, con los que come o cena sin preocuparse por el protocolo. Como no hay espacio suficiente, todos vuelven a Versalles para dormir, excepto la reina y algunos privilegiados. En la Aldea que se hace construir, María Antonieta vive vestida con sencillez, lejos de la pompa cortesana.

MOMENTOS CLAVE

RETRATO

María Antonieta es alta, bastante bonita, pero probablemente con una mandíbula ligeramente prominente que su retratista oficial, Elisabeth Vigée-Lebrun (1755-1842), siempre se esforzará por ocultar.

Retrato de María Antonieta pintado por Elisabeth Vigée-Lebrun.

Cuando las relaciones íntimas con Luis XVI resultan ser problemáticas, los cónyuges reciben muchos consejos, entre otros los proporcionados por el hermano de María Antonieta, José. Este incluso acude a Versalles para este propósito específico. El tema es importante, ya que es necesario asegurar el futuro de la dinastía. Sin embargo, los rumores que rodean este hecho solo sirven para desprestigiar a la reina, acusada de tener numerosos amantes. Aunque es posible que haya mantenido una relación con el conde sueco Axel de Fersen (1755-1810), a día de hoy no hay hechos que lo prueben.

El carácter de María Antonieta es muy fuerte. Todo le molesta y se tiene que divertir constantemente con danzas, obras de teatro, o incluso participando en juegos. También es caprichosa y exige que sus deseos se cumplan sin demora: bajo sus órdenes, tal apartamento tiene que ser renovado lo antes posible, o tal vestido entregado en cuanto la prenda esté terminada, independientemente del precio que haya que pagar por ello. Sin embargo, en esto no se diferencia de las princesas de su época, ni de las reinas, y tampoco de las amantes reales, con antojos mucho más extravagantes y costosos que los suyos. De hecho, aunque se le reprochan sus aventuras financieras —más tarde será apodada Madame Déficit—, ahora sabemos que los importes que maneja corresponderían al tren de vida habitual de la corte, y que los gastos habrían sido idénticos, o incluso inferiores a los de los reinados precedentes.

El teatro y la música son sus entretenimientos favoritos. En Trianón da vida a un pequeño teatro, donde se representan sobre todo las piezas de Beaumarchais (escritor francés, 1732-1799), como *El barbero de Sevilla*. Para la ocasión, María Antonieta representa todo tipo de papeles que entretienen tanto a sus familiares como a Luis XVI. Invita a la corte al compositor alemán Christoph Willibald Gluck (1714-1787), su antiguo profesor de música en Viena, y también apoya al francés André Grétry (1741-1813), al que asciende a director de su música privada.

LA ALDEA DE MARÍA ANTONIETA

Entre 1783 y 1786, manda construir una aldea compuesta por una docena de casas con techo de paja, con un jardín, una granja, un palomar, un molino, un granero y una huerta, todo en torno a un estanque cerca del Pequeño Trianón. Este pequeño universo campestre y rústico es una verdadera explotación agrícola, con una lechería, una pesquería y animales procedentes de Suiza. Saqueada y abandonada durante la Revolución francesa, la Aldea será restaurada por Napoleón I (1769-1821) a partir de 1810. Clasificada como monumento histórico en 1862 y 1906, disfruta en los años treinta del patrocinio de John Rockefeller Jr. (1874-1960). El 1979 es clasificada Patrimonio de la Humanidad por la Unesco y es reabierta al público bajo el nombre de Dominio de María Antonieta desde el 1 de julio del 2006.

EL ASUNTO DEL COLLAR

El asunto del collar es el resultado de una gran estafa montada por Jeanne de Valois-Saint-Rémy (1756-1791), condesa de la Motte, su marido y uno de sus amigos, Louis Rétaux de Villette (1759-1797), un notorio falsificador. Las dos víctimas son el cardenal Luis de Rohan (1734-1803), príncipe-obispo de Estrasburgo, y María Antonieta, cuyo nombre se verá injustamente salpicado.

Unos años antes, los joyeros habían tomado la iniciativa de crear un adorno con lujosos diamantes. Intentan vendérselo a la corte, pero la reina lo rechaza desde el primer momento.

El collar de la reina.

La condesa de la Motte, convertida en la amante del ingenuo cardenal de Rohan, que entonces está en desgracia, le convence para comprar el collar a crédito para María Antonieta.

El 28 de diciembre de 1784, la condesa de la Motte hace creer a los joyeros que el collar de 2840 quilates, que asciende a 1,6 millones de libras —unos 15 millones de euros—, será adquirido por la reina bajo el testaferro del cardenal de Rohan. Este, confiado, obedece, imaginándose ya los favores de la reina. Mientras tanto, la condesa de la Motte hace que le entreguen la joya, cuyas piedras son inmediatamente desengastadas y revendidas en París, Bruselas y Londres.

Los joyeros, al igual que el cardenal, se sorprenden de que la reina no lleve el collar, porque se trata del adorno más extraordinario nunca creado. Boehmer, preocupado por los futuros pagos, acude a Versalles. Cuando se entera de toda la trama, la reina no sale de su asombro. Luis XVI es informado de la estafa el 14 de agosto de 1785. El cardenal de Rohan es arrestado inmediatamente en plena Galería de los Espejos, delante de toda la corte. El escándalo es descomunal.

A continuación se abre un proceso público ante el Parlamento de París, que absuelve en mayo de 1786 al cardenal y condena a la condesa de la Motte a cadena perpetua, y a su marido a galeras. Pero, para María Antonieta, la humillación es considerable. La difusión del caso desacredita a la reina: la opinión pública se involucra y algunos siguen creyendo que ha sido cómplice. Circulan libelos infamatorios. La ruptura de la confianza entre el pueblo y María Antonieta está en marcha.

LA HUIDA A VARENNES

Después de los días revolucionarios de octubre de 1789, la familia real es prácticamente confinada en régimen de arresto domiciliario en palacio de las Tullerías de París. Todos se colocan bajo la protección, pero también bajo la supervisión, del general La Fayette (1757-1834), comandante de la Guardia Nacional. Desde entonces, sus próximos evocan la idea de llevarlos lejos de París, pero hay que esperar hasta septiembre de 1790 para que el obispo de Pamiers proponga la salida al extranjero. El plan es simple: por la carretera a Châlons, tendrán que llegar a la ciudadela de Montmédy, donde el marqués de Bouillé habrá reunido un ejército dispuesto a echar una mano a los gobernantes. En una berlina equipada para seis personas y tirada por seis caballos, la familia real viajará bajo identidades falsas. La idea es hacer creer a todos que el convoy reúne la baronesa Korff, la viuda de un oficial ruso, y a sus hijos, que deseen llegar a Fráncfort. Esta será encarnada por la aya de los hijos de Francia, los hijos por el delfín y su hermana, el aya de los niños por María Antonieta, el intendente de la baronesa por Luis XVI, y su dama de compañía por la hermana de Luis XVI, Isabel de Francia (1764-1794).

En la noche del 20 al 21 de junio, asistida por Fersen, la familia real deja las Tullerías y aparece en la calle de l'Échelle, cerca del Louvre. Luego salen de París sin contratiempos. A las siete, el criado del rey da la voz de alerta, y La Fayette lanza el rumor de un secuestro, al tiempo que moviliza tropas en todas direcciones para alcanzarlos. Al atardecer, el carruaje ya ha pasado Châlons.

A las once de la noche, la berlina, que ha llegado a Varennes, es detenida por orden de la Asamblea. María Antonieta pasa la noche allí antes de ser conducida bajo custodia a París. Después de tres días de viaje y de paradas en Châlons y Meaux, la familia real atraviesa París la tarde del 25 de junio, en medio de una multitud silenciosa. A las diez de la noche, el pueblo manifiesta su ira cuando el cortejo llega a las Tullerías.

A pesar del testamento político dejado por Luis XVI antes de su partida, en el que acepta o finge aceptar la monarquía constitucional, esta fuga es entendida por todos como un abandono del pueblo por parte de su rey y como un apoyo a las fuerzas extranjeras contra Francia, es decir, como un acto de alta traición. Es un punto de inflexión en la Revolución que tiene enormes consecuencias: los partidarios de la abolición de la monarquía, hasta entonces minoritarios, toman la delantera, y María Antonieta es acusada de hacer un pacto con el enemigo; a partir de entonces, solo la llaman la «austríaca» o el «monstruo femenino».

EL SÍNDROME DE MARÍA ANTONIETA

Cuenta la leyenda que después de Varennes —y no en la víspera de su ejecución, como muchos dicen—, su cabello se volvió completamente blanco. Hoy en día, el fenómeno se conoce como el síndrome de María Antonieta. Sin embargo, ya se habla de él mucho antes. El filósofo y político inglés Thomas More (1478-1535) habría sido víctima del mismo un día antes de su ejecución. Este síndrome, que puede aparecer tras un estrés extremo o un duro golpe psicológico, es aún objeto de debate en la comunidad científica, pero permanece en el origen de la expresión popular francesa «*se faire des cheveux blancs*», que significa «preocuparse mucho por algo».

María Antonieta en la torre del Temple, pintura de Alexander Kucharsky, 1793.

EL JUICIO DE LA VIUDA CAPETO

Más de seis meses después de la ejecución de Luis XVI, la reina es encarcelada en la prisión de la Conciergerie, el 2 de agosto de 1793. Separada desde hace varias semanas de sus hijos y de la hermana del rey, ahora está sola. Además padece cáncer, lo que acelera su muerte. Para los revolucionarios que ostentan el poder, dado que la monarquía ha sido abolida y el rey ejecutado, María Antonieta ya no tiene ningún interés en el plano político. Por lo tanto, hay que acabar con ella lo antes posible.

Se abre un proceso en su contra el 13 de octubre de 1793, ante el Tribunal Criminal Extraordinario, que pronto se llamará Tribunal Revolucionario, presidido por Martial Herman (1749-1795). El acusador público no es otro que el muy temible Fouquier-Tinville (1746-1795), conocido por su ferocidad, su arbitrariedad y su violencia extrema contra el Antiguo Régimen. Por ello, María Antonieta representa para él una presa fácil. La acusación se prepara a toda prisa. Faltan partes y su contenido es bastante escaso. Por lo tanto, se le acusa de todo lo posible.

La reina María Antonieta ante el Tribunal Revolucionario.

María Antonieta, viuda de Luis Capeto, es en primer lugar acusada de alta traición, puesto que habría pactado con potencias extranjeras contra Francia. Después se le acusa de ser la principal maquinadora e instigadora de la traición de su marido. Finalmente, se la considera la fuente de todos los males que ha padecido Francia durante los últimos años, y se la describe como «enemiga declarada de la nación francesa». Todos los testigos que se presentan son testigos de cargo. Pero lo peor está por venir: el feroz Hebert (hombre político, 1757-1794), que acaba de acceder a la cabeza de los *sans-culottes* (los revolucionarios), decide hacer que el delfín testimonie en contra de su madre. Entonces, María Antonieta es acusada de incesto. Ultrajada y conmocionada, al principio no dice nada. Esta actitud sorprende al jurado, al que finalmente le dice: «Si no he respondido es porque la naturaleza se niega a responder a semejante pregunta hecha a una madre. ¡Apelo a todas las madres de Francia!»[1] (actas del proceso, 15 de octubre de 1793). Todos aplauden, especialmente las mujeres.

Finalmente, el jurado la declara culpable de pasarle información al enemigo, de complot y de conspiración contra la República. Es condenada a muerte sin posibilidad de apelación, el 16 de octubre de 1793 y ese mismo día, poco después del mediodía, es trasladada en un carro —mientras que Luis XVI había disfrutado de una carroza— para ser guillotinada en la plaza de la Revolución.

---

1. Cita traducida por 50Minutos.es

Ejecución de María Antonieta, 1793.

REPERCUSIONES

LA DESCENDENCIA DE MARÍA ANTONIETA

María Antonieta es madre de cuatro hijos. Aparecen representados junto a una cuna vacía en un famoso cuadro de Elisabeth Vigée-Lebrun en 1787.

María Antonieta de Lorena-Habsburgo, reina de Francia, y sus hijos, cuadro de Vigée-Lebrun, 1787.

Su hija mayor, María Teresa Carlota (1778-1851), es una niña milagro que nace después de un largo matrimonio no consumado. Esta, más conocida como Madame Royale, será la única que sobrevivirá a la Revolución francesa. Permanece encarcelada en el Temple tras la muerte de su madre, y es puesta en libertad el 19 de diciembre de 1795. A continuación, es entregada a los enviados de Austria en Basilea a cambio de la liberación de presos políticos franceses retenidos en Austria. En 1799, se casa con su primo hermano Luis Antonio de Artois (1775-1844), duque de Angulema e hijo del futuro Carlos X (1757-1836). Símbolo de la Restauración a partir de 1814, es reina de Francia muy brevemente —durante 20 minutos—, el 2 de agosto de 1830, antes de que Luis Felipe se haga con el poder (1773-1850). No deja descendencia, por lo que cede su derecho al trono a su sobrino Enrique, conde de Chambord (1820-1883), y será la principal impulsora del movimiento legitimista hasta su muerte en Austria en 1851.

El segundo hijo de María Antonieta, Luis José, es el tan esperado delfín, heredero al trono de los Borbones. Es inteligente pero de frágil salud, y muere de tuberculosis el 4 de junio de 1789, a los ocho años, durante la reunión de los Estados Generales. Ni María Antonieta ni el rey tienen tiempo para guardar luto por su pequeño.

Luis Carlos (1785-1795), tercer hijo de la pareja, se convierte en delfín a la muerte de su hermano en 1789. Encarcelado junto a sus padres tras el 10 de agosto de 1792, le educa su padre hasta la ejecución de este último, en enero de 1793. El niño, que toma el nombre de Luis XVII, es la esperanza de los monárquicos. A continuación, vive con María Antonieta hasta el 3 de julio de 1793. El Comité de Salvación Pública le quita a su hijo y se lo confía al zapatero Simón (1736-1794) y a su mujer hasta enero de 1794. Luego es abandonado durante seis meses en un estado de precariedad. Sufre tuberculosis y muere en la cárcel el 8 de junio de 1795. Pronto surgen rumores de secuestro o de reemplazo, pero hoy en día parece que son infundados.

Por su parte, el último hijo de María Antonieta y de Luis XVI, Sofía Beatriz, muere a los once meses en Versalles. Es enterrada en la basílica de Saint-Denis. Su muerte afectará mucho a la pareja real.

RUPTURA ENTRE LA MONARQUÍA Y LOS FRANCESES

El papel de María Antonieta en la vida política hasta 1789, primero como delfina y después como reina de Francia, es más bien modesto. Sus intervenciones no están nada estudiadas. A diferencia de su madre María Teresa, no es una mujer política, y sus pensamientos se concentran de mejor grado en temas frívolos. En cambio, lo cierto es que, desde 1789, intenta influir en los acontecimientos para encauzar su curso, valiéndose para ello de una actitud menos flexible que la adoptada por Luis XVI, alimentando la secreta esperanza de que todo volvería a ser como antes. Así, representa uno de los elementos que conducirán a la ruptura de confianza entre la monarquía y los franceses, al menos a finales del siglo XVIII.

Sin embargo, la inexperiencia y las extravagancias de María

Antonieta se ven considerablemente amplificadas por sus fallos de comunicación. Más allá de eso, lo que más contribuye a manipular la opinión pública es el desarrollo de la prensa y el uso que hace, *a posteriori*, de los acontecimientos, para aumentar la importancia de hechos triviales. El asunto del collar es un ejemplo perfecto. En lugar de ser sofocado, el caso toma impulso con el arresto público del cardenal ante toda la corte y luego con su juicio público en el Parlamento. Esto contribuye seriamente a manchar la reputación de la reina, que sin embargo es completamente inocente. Otro ejemplo lo representa su deseo de llevar una vida más simple en la Aldea. Esto, en vez de jugar en su favor como un elemento de acercamiento a su pueblo, se considera enseguida como un costoso capricho.

Asimismo, la prensa transmite *a posteriori* como señales de advertencia, premonitorias de desastres, el terremoto de Lisboa del 1 de noviembre de 1755, es decir, en la víspera del nacimiento de María Antonieta, o incluso las víctimas de los fuegos artificiales de París el día 30 de mayo de 1770 con motivo de las festividades de su matrimonio con Luis XVI.

En la práctica, su correspondencia con Mercy d'Argenteau demuestra indudablemente su deseo de recuperar tan pronto como sea posible a una monarquía fuerte. Por otra parte, se difunde la falsa acusación de haber querido reprimir los movimientos de abril de 1792 con la sangre de los parisinos.

La historiografía republicana de finales del siglo XIX, basándose en el libro VI de *Las confesiones* de Jean-Jacques Rousseau (escritor y filósofo suizo, 1712-1778), divulga falsas ocurrencias. Durante la insurrección de octubre de 1789, la reina, a quien se le habría dicho que el pueblo se rebelaba porque ya no tenía pan, habría contestado: «¡Si no tienen pan, que coman pasteles!». Ni siquiera durante su juicio acusan los revolucionarios a María Antonieta con una crueldad semejante.

MITO Y CONTROVERSIA

Después de su muerte se crea un doble mito. Por un lado, los revolucionarios de la época, y luego los republicanos del siglo XIX, se apoyan en diversas meteduras de pata de la reina y en sus posturas durante los inicios de la Revolución para describirla como una furia sanguinaria, un alma maldita de la contrarrevolución. Esta opinión la acentúan aún más los periódicos, que difunden esta idea. El fenómeno toma una mayor magnitud durante la Tercera República, cuando la monarquía es definitivamente abolida en Francia.

Por otra parte y al mismo tiempo, nace un contramito. Los fervientes defensores de la realeza, tanto dentro como fuera del Reino, la consideran una soberana humillada, a la que es necesario proteger contra los sanguinarios revolucionarios. Llevan al extremo la dignidad de la reina durante su juicio y su ejecución, para convertirla en una mártir. La

Restauración en 1815 no dudará en limitar el impacto de esta maquinación hasta 1830. Todavía hoy en día, los fieles no dudan en acudir el 16 de octubre, aniversario de su muerte, a la capilla expiatoria erigida en París, o a los jardines de Versalles, para dejar flores.

Por último, un sector más minoritario de historiadores no duda en considerarla una mujer descerebrada e inconsistente, torpe y frívola, implicada a su pesar en acontecimientos que no comprende.

Sin duda, la verdad se encuentra a medio camino entre ambas opiniones.

EN RESUMEN

1755
2 nov.: nacimiento de María Antonieta

1770
19 abr.: María Antonieta se casa
con Luis XVI por poderes
16 may.: **María Antonieta entra
en la corte de Versalles**

1774
10 may.: **Luis XVI y María Antonieta
ascienden al trono de Francia**

1785-1786
El asunto del collar

1789
May.: se reúnen los Estados Generales

1791
22 jun.: **la familia real, que ha huido,
es detenida en Varennes**

1792
10 ag.: las Tullerías son atacadas y la familia
real es encerrada en la torre del Temple,
convertida en prisión

1793
21 en.: **ejecución de Luis XVI**
13 oct.: apertura del proceso de María Antonieta
16 oct.: **condena y ejecución
de María Antonieta**

1815
Luis XVI y María Antonieta son enterrados
en la basílica de Saint-Denis

- María Antonieta de Austria es una de las hijas del emperador Francisco I y de su esposa, la emperatriz María Teresa. Deseando fortalecer la alianza entre los Habsburgo y los Borbones, su madre promete a María Antonieta con Luis, nieto y heredero del rey Luis XV. Esta última se casa con el delfín en abril-mayo de 1770 y, por tanto, está destinada a convertirse en la reina de Francia.

- Así pues, la joven delfina llega a Versalles a los 14 años. Durante cuatro años, alegre y moderada, crea un pequeño círculo mientras intenta encontrar su lugar entre los clanes rivales, entre las hijas de Luis XV y su amante Madame du Barry, que animan la corte con intrigas y alboroto.

- Se convierte en reina de Francia y de Navarra el 10 de mayo de 1774, y ahoga su aburrimiento en diversiones frívolas, mezclando juego, teatro y decoración de interiores, especialmente en el Pequeño Trianón, así como en la Aldea, granja modelo que manda que le construyan *ex nihilo*.

- Alejada del pueblo, multiplica sus errores, como el del asunto del collar, que mancha su imagen pública.

- Sumida en la agitación revolucionaria, a María Antonia le cuesta influir en el curso de los acontecimientos, y su impopularidad aumenta. Tras el intento de huida y el arresto en Varennes el 21 de junio de 1791, la prensa revolucionaria la convierte sistemáticamente en su blanco.

- El asalto al palacio de las Tullerías del 10 de agosto de 1792 la lleva a la torre del Temple y luego, después de la ejecución de Luis XVI, a la Conciergerie, donde permanecerá hasta su juicio. Condenada a muerte, es guillotinada a los 38 años el 16 de octubre de 1793 en la plaza de la

Revolución de París.

- Hoy en día, María Antonieta sigue siendo objeto de un po-lémico mito, oscilando entre una mártir de la Revolución y una déspota criminal. Sea lo que sea, encarna un personaje en la historia de Francia que no deja a nadie indiferente.

¡Tu opinión nos interesa!
¡Deja un comentario en la página web de tu librería en línea,
y comparte tus favoritos en las redes sociales!

PARA IR MÁS ALLÁ

FUENTES BIBLIOGRÁFICAS

- Bertière, Simone. 2002. *Marie-Antoinette l'insoumise*. París: Éditions de Fallois, colección *Les reines de France au temps des Bourbons*.
- De Decker, Michel. 2005. *Marie-Antoinette: les dangereuses liaisons de la reine*. París: Belfond, colección *La vie amoureuse*.
- Fauveau, Jean-Claude. 2007. *Le prince Louis cardinal de Rohan-Guémené ou les diamants du roi*. París: L'Harmattan.
- Lever, Évelyne. 2000. *Marie-Antoinette: la dernière reine*. París: Gallimard, colección *Découvertes*.

FUENTES BIBLIOGRÁFICAS

- Celebración del matrimonio de María Antonieta en el auditorio de la ópera de Versalles, 1770. La imagen reproducida está libre de derechos.
- La Aldea de la reina. La imagen reproducida está libre de derechos.
- Retrato de María Antonieta pintado por Vigée-Lebrun. La imagen reproducida está libre de derechos.
- El collar de la reina. La imagen reproducida está libre de derechos.
- *María Antonieta en la torre del Temple*, pintura de Alexander Kucharsky, 1793. La imagen reproducida está libre de derechos.
- La reina María Antonieta ante el Tribunal Revolucionario.

La imagen reproducida está libre de derechos.

- Ejecución de María Antonieta, 1793. La imagen reproducida está libre de derechos.
- *María Antonieta de Lorena-Habsburgo, reina de Francia, y sus hijos,* cuadro de Vigée-Lebrun, 1787. La imagen reproducida está libre de derechos.

FILMOGRAFÍA Y DOCUMENTALES

- *Si Versalles pudiera hablar.* Dirigida por Sacha Guitry, con Lana Marconi. Francia : Cocinor, 1953.
- *El caballero de la Casa Roja.* Película televisada dirigida por Claude Barma, con Annie Decaux y Jean Dessailly. Francia, 1963.
- *La noche de Varennes.* Dirigida por Ettore Scola, con Jean Louis Barrault, Marcello Mastroianni y Michel Piccoli. Francia e Italia: Gaumont, FR3 Cinéma y Opera Films Produzione, 1982.
- *Historia de una revolución.* Dirigida por Robert Enrico y Richard Heffron, con Jane Seymour y Jean-François Balmer. Francia, Alemania e Italia: Les Films Ariane, Films A2, Laura Film, Antea Cinematografica, Alcor Films y Alliance Communications Corporation, 1989.
- *María Antonieta.* Dirigida por Sofia Coppola, con Kirsten Dunst. Estados Unidos: Columbia Pictures Corporation, American Zoetrope, I Want Candy, Pricel y Tohokushinsha Film, 2006.
- *Marie-Antoinette intime* en *Secrets d'histoire.* Francia: France 2, 2013.